Tanker om forår og tøvejr

Henrik Neergaard

TANKER OM FORÅR OG TØVEJR

Digte og prosa

Forlag: Books on Demand – Hellerup, Danmark
Fremstilling: Books on Demand – Norderstedt, Tyskland
Bogen er fremstillet efter on-Demand-proces

ISBN 978-87-4302-945-8

SANGEN OM FORÅR

Natten står sort og massiv

Træer hvisker lidt højlydt

Deres sang om forår

Holder mig vågen i mørket

Til dagen gryer

Regnen falder i min by

Den falder på gade og vej

På husenes tage

På plæner og buske

På blomster og spirer og træer

Regnen falder i min by

Forårets kulde

Solen skinner blegt

Og efter middag

Begynder regnen at falde

Fra tunge, grå skyer

Grønne spirer

Baner sig vej

Gennem den brune muld

Og den sandede jord

Foråret på vej

Forsigtigt

Forsigtigt

Små spirer

Langsomt

Langsomt

Venter på solen

Og varmen

Gaderne er våde

Af regn

Alle bliver inde

Hvis de kan undslå sig

For at gå ud

Det er kun en byge

Siger vi

Når det regner så stærkt

Så er det kun en byge

Siger vi

9

I forårets tid

Skifter alting så hurtigt

Regn, sol og blæst

Og mit humør

Træernes knopper

Er stadig på vej

På vej til at springe ud

På vej til folde sig ud

I grøn overdådighed

På vej med knopper

På vej til at blomstre

På vej

Nattens kulde

Overrasker

Stadig nattefrost

Langt henne i april

Foråret lader os vente

Dukker kun op

Af og til

I små forsigtige bidder

Som om det kun er på prøve

Og lige skal tjekke

Om vi er parate til det

Jorden våd og svampet af regn

For det er forår

Så falder regnen jo

Og giver spirer og grøde og
blomster

Græsset er allerede grønt

Efter vinterens frost

Og luften er frisk

Af blæst og små solstrejf

Store vandpytter

Behersker alle fortove

På en dag som denne

Jeg lister mig uden om

På forsigtige sko

De store er tit de nemmeste at undgå

De små kommer man for nemt

Til at træde i

Hvis man er uopmærksom

Og ikke passer på

Hele tiden

Det bliver tidligt lyst

Det er næsten utroligt

Oven på vinterens mørke

Man skal jo ligefrem

Vænne sig til det

Omstille sig

Indstille sig

På de nye tider

Være parat

Til at tage imod det

Solen frem

Solen væk igen

Solen frem

Solen væk igen

Regnen falder

Regnen stopper

Byger kommer

Byger går

Solen frem

Solen væk igen

Grene svajer

Kviste ruskes af en blæst

Visne blade flyver op

Støvet hvirvles rundt

På et afsides fortov

Og midt på gaden

Forårets blæst

Fejer scenen ren

Til nye eventyr

Hele vejen langs hegnet

Spirer det heftigt

Med græs og ukrudt

Og erantis og krokus

Vintergækker og andet

Små spirer

Bryder sig vej igennem

De visne blade

En fugl synger sine triller

Midt på den klare dag

Blæsten flår

I mit hår

Regnen er holdt op

Det drypper kun lidt

Skyerne er stadig grå

Men vistnok lidt lysere

Luften er frisk

Efter en byge

Der var våd og heftig

Og om lidt

Kommer solen frem

Kragerne hopper omkring

19

Og skræpper op

De slås med hinanden

Om et stykke brød

Nogen har tabt

Hopper rundt og flyver op

Lander igen lidt væk

Kommer nærmere

Prøver kræfter igen

Psykologisk krigsførelse

Og magtkamp

Om et stykke gammelt brød

Græsset er grønt igen

Oven på vinter og kulde

Det vokser og gror

For fuld kraft

En stædig men overset

Forårsbebuder

Gråvejret hersker

På en dag som denne

Af og til tørt

Af og til regn

Eller en hurtig byge

Eller en langsom

Der bare bliver ved

Men hele tiden gråt

I den tidlige morgen

Blæser vinden blidt

Gennem de nye grønne blade

På træer og buske

Og løfter de gamle, visne

Fuglene flyver op

Med hurtige vinger

Ud over havet

Fuglenes sang

I den tidlige morgen

Den sene nat

Før det bliver lyst

Er de allerede i gang

De synger deres sange

Mens mørket endnu

Hænger over verden

Den gamle mur

Står der endnu

Og stritter

Med sine gule sten

Græsset gror tæt

Langs de nederste sten

Buske klemmer sig

Ind mod muren

Aften i april

Det er længe lyst

Lige pludselig

Det regner så stille

Næsten uhørligt

Vinden har lagt sig

Og træerne står

Med store knopper

I revnerne

Mellem fortovets fliser

Vokser græsset allerede

Så småt

Så tidligt

Her først i marts

Ukueligt

Og sikkert forbudt

Af kommunen

Godt

De ikke har set det

Endnu

27

Nogle gange

Så elsker jeg regnen

Der strømmer stille ned

Og frisker op

I alt det grå

Og alt for støvede

Gøder jorden

For forår

Og frodighed

LYSET I NATTEN

Kan du ikke høre det? Hør, hvordan lyset i natten jubler, ja næsten bobler af glæde. Men mørket om dagen, det græder så stille og næsten uhørligt.

Men endnu er det ikke så vidt, nej
så langt fra. Endnu er det alt
sammen kun på vej. Endnu siver
natten mellem dine fingre. Blidt,
blidt, så blidt.

Stjernernes lys i natten uden
måne. Din ensomme færd, kalder
du det. Men når der ingen måne
er at hyle imod eller at synge
tossede sange om galskab og
lykke til, så må du klare dig med
udsigten til stjernerne.

Inderst i natten lister noget sig
frem, midt inde i natten.
Stilhedens blå æg, ja stilhedens
blå æg, det mest blå der findes.

Under larm og tænders gnidsel,
som var det en kamp.

Kan det være anderledes? Du
fortæller mig jo at om natten kan
man se uendelig meget længere
end i middagsstunden. Lyset fra
fjerne stjerner, mange lysår væk,
trænger frem til en afsides krog i
verden.

Og natten siver stadig mellem
dine fingre, som sand, som vand,
som en stille og rolig puls. Mere
og mere på klods, på kredit, siger
du måske, på lånt tid, som med
alt andet. For kan man gøre
andet med tiden end at låne den?

Ja, sådan ser det ud, før solen står op. Jo, undertiden er stilheden den største lyd. Hvis man lytter efter. Og fuglene, de synger allerede længe før det bliver lyst, som om de vidste mere end os andre, meget mere og meget bedre.

Men det allerførste musegrå solskin famler sig allerede forsigtigt op over horisonten, som en forrider for det, de kalder dagen. Og nu råber stilheden til mig: skru dog ned for den larm!

Hører lyden af de glatte, runde sten, der rumler ind mod kysten, frem og tilbage, frem og tilbage, med denne tørre, tørre lyd. I køligt morgenlys. Kantet står jeg her, som et drivtømmer på højkant.

En måge svæver på langsomme, dovne vinger ud i dagens begyndelse. Den slår tre slag med vingerne og svæver så videre i næsten en halv evighed, ud over havet, ud af mit blik.

For jeg burde vide, at den skjulte sommer har sine egne veje, sine underjordiske kanaler, sine kløfter og klipper, labyrintagtige, så man selv skal opleve det for at tro det.

DRØMMEN OM FORÅR

Græsset er stadig gult og blegt efter vinterens kulde og sne. En tidlig spire baner sig vej op

gennem den brune, plørede jord.
En bille kravler over fliserne,
baner sig vej ind i græsset.

Mågerne flyver op under den lave
grå himmel, og kragerne slås og
skræpper ad hinanden. Buskenes
nøgne grene gynger i den lette
vind. Fuglene strides stadig om to
små stykker brød, som nogen har
tabt på de grå betonfliser, der er
våde og mørke af nattens regn.
Mågerne skriger igen og igen.

Det er gråvejr, det er mørkt i
vejret, det er koldt. Men det er
forår inden så længe, det siger
min kalender.

Jeg er gået udenfor, et sted hvor det kun blæser ganske svagt. Jeg nyder det lidt, når der kommer en byge. Snart vil græsset grønnes og blomster vil begynde at spire og gro. En solsort synger et sted i buskene.

De siger, der er forår på vej, selv om det er gråvejr og koldt, og der stadig kommer slud og sne og der tit er frost om natten og rim på græsset om morgenen, når man står op.

En krokus tynde blade spirer frem mellem de visne blade fra efteråret, der ligger på jorden, her mens nattefrosten stadig gør sig gældende og vejret veksler mellem sol og regn, blæst og kulde.

Det skifter med korte mellemrum, så man skiftevis tænker, at nu er foråret på vej, nej nu er det vinter igen, nej nu kommer der vist lidt mere forår, og så lidt vinter igen.

Fuglene hopper omkring og samler føde, bygger rede, synger deres sange i den mørke, kolde morgen, længe førend det bliver lyst.

I formiddags, da skinnede solen lidt, men så blev det gråvejr og senere begyndte det at regne. Jeg vælger mig et fortov, hvor græs og ukrudt spirer mellem de skæve og revnede fliser, bare sådan for princippets skyld.

Ude på byens gader kører biler gennem regnen, uden at lade sig mærke med vejret, uden at ænse, at det blæser og er vådt overalt. Men jeg går her, ude i regnen, der er taget til, og jeg har lige trådt i en vandpyt og har fået våde fødder, mudder på mine sko, hvorfor tog jeg ikke gummistøvler på, inden jeg gik ud. Men da regnede det ikke så meget, og nu er det også ved at blæse op.

Mit humør er gråt som vejret, både når det regner eller ej, eller regner meget eller lidt, stille eller voldsomt. Men det er lettest at forklare, når det regner eller blæser eller stormer rigtig stærkt.

Byens huse er så grå i dette vejr, og når jeg bare tænker på dem på en regnvejrsdag som nu, og de er stadig lige grå, når jeg er kommet hjem og gået inden dørs i min varme stue.

Inde i min stue, der skinner solen heller ikke, det er vinter

stadigvæk, og jeg sover i hi,
næsten som en anden bjørn,
vågner lidt og kigger ud, ser at
det er gråvejr eller regn, så
vender mig og kravler ind igen i
mit vinterhi, jeg drømmer sødt
om forår, mens jeg slumrer blidt
og dovent, vugger mig i søvnens
bølger, gider ikke vågne op og
rejse mig, før solen skinner.

Drømmen om sol og sommer, den
kommer flyvende helt af sig selv,
den slår sig ned og avler børn med
mine mest dumdristige
forårsforventninger. Og før jeg
ved af det, er de blevet til fast

inventar, som jeg overhovedet ikke har lyst til at slippe igen.

Græsset gror mellem de revnede fliser på et fortov på en lille afsides sidevej, mere end jeg har set det andre steder. Det er dejlig grønt og kraftigt, selv så tidligt om foråret. Jeg sætter forsigtigt mine fødder midt inde på fliserne, vil ikke træde foråret ned.

I et hjørne af krattet i parken vokser der grønt og frodigt mos på en gammel frønnet træstub mellem de visne blade og de spirende grønne planter. Græsset står allerede højt langs med stien,

træerne har knopper, der venter
på at komme til.

Solen kommer frem og skinner,
når skyerne trækker sig væk,
vejret skifter, jeg begynder så
småt at tro på foråret. Regnen
falder, bruser, skyller, fosser hen
ad gaden, fylder rendestenen i en
hurtig strøm, for det regner
voldsomt nu.

Ja, det er forår, så det regner.

Det er forår, så det blæser.

Det er forår, så jeg længes

Og er en lille smule sur, når det
bliver gråt og koldt og mørkt i

vejret, og det trækker ud med sol og varme og alt andet, der hører til et rigtigt forår.

TØVEJRET

Bækken klukker

Ler så stille

Uophørligt

Mumler blidt

I sin ro

Uforstyrrelig

Strømmer

Bobler løs

Så blidt som fnug

Så stærkt

Som kloden selv

Fugleflugt

Over åbne sletter

Græs der synger

Midt i vinden

Piskes, raser

Men står fast

På sin rod

Lader sig bakse, hive, slide

Næsten rive med

Står dog tilbage

Efter blæsten

Bøjet, filtret

Jamen retter sig

Står igen parat

Til solopgang

Og morgendug

Lad mig

Løbe ud i dit hav

Dykke ned

Komme op igen

Mærke dine bølgeslag

Og din brænding

Lad mig

Være den strand

Som du ruller op på

Dine mågeskrig

Din fryd

Skovens

Grønne mur

Fletværk

Mønster, mosaik

Af huller, skygger

Åbner sig

Stier fører ind

Vi krøb ind i lyset

Samlede os

Krøb sammen

Måtte værne om det

Troede ikke der var mere

Havde glemt at solen

Står op hver morgen

Dykke ned

I dit blomsterhav

Flyde, svømme, sejle

Ned til dybet

Af din bund

Komme op igen

Og fortælle dig

Hvor smukt der var

FORÅRSMAGI

Hvad siger du

Foråret

Ja

Foråret så voldsomt kommer

Foråret er her

Og der

Og allevegne

Og overalt

Hvor der er noget

Og hvor der ingenting er

Eller ikke var noget

Før foråret kom

Ja foråret kommer springende

Foråret springer op

Som en trold af en æske

En dag hvor du troede

At nu var det en hel uge

Med gråvejr og regn

Og tunge skyer

Og så pludselig, pludselig

Bryder foråret frem

Foråret springer frem

Foråret springer ud

Af alle hjørner og kroge

Op af jorden

Blomsternes løg

Pludselig skyder de i vejret

Springer ud og blomstrer

Er det det du siger

Ja hallo

Det er en lidt dårlig forbindelse

Med svag mobildækning

Her bag træerne

Der svulmer af store grønne knopper

Så det du siger

Overdøves næsten helt

Af fuglekvidder

FORÅRS ANKER

Solen, der bryder igennem skylaget
her i marts

Nætternes modvillige nattefrost

Morgenkulden der får os til at gyse en lille smule

Mens en solstråle varmer kinden

Og en lille brise puster lidt til håret

Marts er fuld af sol og fuld af løfter

Om forår og bedre tider

Af håb og forventninger der stadig venter forude

Mens vi trækker jakken sammen omkring os

Og fornuftigvis stadig har hue på

Når vi går ud i den kølige luft

Og nyder solens lys på græssets rimfrost

MARTSMÆSSIGT

Martsmæssigt modstræbende

Melder jeg mig

Med min

Maskinskrevne

Mazurka

Mens malstrømmen

Maler møllens

Mugne mel

Og messende munke

Mumler mange slags

Mekaniske memoirer

Mange

Mennesker

Mener

Marts

Er meget

Mølædt

Mindrebemidlede

Millionærer

Mistænker

De mest mislykkede

Mirakelmagere

For mulige og umulige

Morarenter

Mange

Mennesker

Mener

Marts

Er meget

Mølædt

Muntert smilende

Mørkemænd

Murer muldjorden til

Med musikalske

Men misantropiske

Musefælder

Men mere mærkeligt

Forekommer det

Når mønsterbørnene

Møjsommeligt

Møver sig gennem

De møre mure

Mens morsomme

Midaldrende monarker

Muntrer sig

Med mosgroede

Monstrøse mokkakopper

Mange

Mennesker

Mener

Marts

Er meget

mølædt

På mødeaftnerne

Samles mødrene

Om mørstegte

Muslinger

Mens molboerne

Meget sympatisk

Modsiger

De mest modfaldne

Morgentjenere

Mange

Mennesker

Mener

Marts

Er meget

mølædt

VANDET

PIBLEDE

I

Den

63

Lille

Bæk

Hvert

Forår

Det

Var

Et

Af

De

Sikre

Tegn

På

64

Forår

Et

Af

De

Helt

Sikre

Når

Vinterens

Magt

Var

Brudt

Og

65

Sneen

Begyndte

At

Smelte

For alvor

Pludselig

Gik

Det

Stærkt

Og

Sneen

Smeltede

Og

Smeltede

I

Løbet

Af

Få

Dage

Og

I

Den

Tid

Så

Var

Den

Lille

Bæk

Som

Et

Brusende

Vandfald

Af

Smeltevand

Den

Strømmede

Og

Boblede

Og

Sydede

Og

Klukkede

Og

Lo

YDERST I NATTEN

På en blafrende gren af lys

Går vi til fest

70

Mens skyerne smiler

Over hele den oprørte himmel

Og vinden blæser og rusker

Og hyler

I en tilfældig skorsten

Eller måske noget andet

Mens regnen falder

Den drypper og siler

Trænger ind og gør våd

Men hvad gør ikke det

Mens vi går fremad

Og rundt om hinanden

Time for time

Skridt for skridt

Måske også lidt fordi

På den stamcafé

Eller hvad det nu er

Hvor vi kommer

Og kommer

Og kommer

Og kommer

Og kommer igen

Der smiler værtinderne

Så sødt, så sødt

Så man næsten tror

Det er løgn hvis man

Altså ikke ved bedre

Men det gør vi heldigvis

Det gør vi helt bestemt

Men

Hør lige et godt råd

Lad kortet ligge derhjemme

Tag ikke for mange penge
med

For der er kun

HAPPY HOUR

Sådan cirka en time

Inden festen går i gang

Og folk begynder

At blive morsomme

Og slipper deres

Inderste farver løs

I en brusende strøm

Af ren charme

Og det hele slår sig løs

Ingen imponeres længere

Af det eller noget andet

Eller automatikken

74

Der kører som af sig selv

Den behøver kun

En smule smøremiddel

Henne fra disken

Undertiden bag disken

Eller under disken

Men det glemmer man hurtigt

For der er meget mere

Lystige ting at tænke på

Mens minutterne

De danser afsted

Uden hæmninger

I deres timelange workout

Og se bare der

deres vilde minutvals

i de afgørende øjeblikke

mens de dyreste

og de billigste løfter

trækkes energisk af og på

men hvad gør det

UNDER HIMLEN

Ind under himlen

Strækker sig jordens mørke

Og kærligheden

Ind under solen

Ligger de golde ørkner

Og de grønne skove

Ind under månen

Samler dyrene deres

Langsomme drifter

Ud under natten

Vågner en mand og kvinde

Af deres drømme

Ud over verden

Ligger oceanerne

Med deres dybder

Ud over skyerne

Spreder solen sit lys

Og sin varme

Ind over skoven

I det tidlige forår

Sværmer fuglene

Ud under månen

Lister dyrene for at mødes

På deres stier

Ud over markerne

Spirer kornet og græsset

Når regnen falder

ÅH DETTE FORÅR

Der slår sin knude omkring os og
pakker os ind i mørke skyer, lidt
lysere skyet, finregn og slagregn
og sol og munter blæst og grønne
spirer. Som om det er i tvivl om,

hvad for en gave, det skal give os
først.

Åh dette forår

Der drypper af tilbageholdt
længsel, her midt iblandt os, så vi
ikke kan undslå os for at huske,
hvad enten vi nægter det eller ej.

Åh dette forår

Der så gerne ville vente på bedre
tider, det kunne forære os. Men
det er så utålmodigt, så
charmerende utålmodigt.

Åh dette forår

Der skammer sig så stille, så
uhørligt, så dybt og usynligt,
hver gang det skuffer os, og det
gør det ustandseligt.

Åh dette forår

Der gemmer sine hede, hede kys
til sene, sene tider.

Åh dette forår

Der skifter så vankelmodigt og
som spejler os selv så godt, så vi
ikke ved, hvor vi skal se hen, når
vi slår blikket ned og ser vores

eget ansigt i en blank vandpyt,
som foråret har efterladt til os,
bare for princippets skyld.

Åh dette forår

Der tier og samtykker med
næsten åbne øjne, mens det
skamløst viser os sit pokerfjæs,
uanfægtet, som om det ville lære
os alle at blive positivtænkere,
eller lystløgnere, eller at affinde
os med vores skæbner, eller noget
helt fjerde. Eller femte.

Åh dette forår

Der kun så sjældent sladrer om de
vigtige ord, men gavmildt plaprer
løs som om det hele var for sjov,
for skæg og ballade, for
underholdningens skyld, som en
underafdeling af en
forlystelsespark, der lige er blevet
genåbnet; og er det måske ikke
godt nok, når man lige er kommet
igennem en vinter.

Åh dette forår

Der forvrider sit hjerte, og vores
med, og som ikke skammer sig
over det, men smiler stille og

85

underfundigt, eller voldsomt og
blændende, når man mindst
venter det.

Åh dette forår

Der stormer gennem gaderne og
ligner en vinterstorm på flugt,
eller et erobringstogt, hver anden
dag det ene, hver anden dag det
andet, indtil vi forvirrede står
tilbage på et gadehjørne, vi ikke
kendte, rystende på vores små
hoveder over alle de
hårdtpumpede selvfølgeligheder,
vi pludselig ikke længere tager for
givet.

Åh dette forår

Der lokker os på afveje og ud på
lange omveje, som vi troede, vi
havde glemt og gemt og låst inde,
og som smiler så grumt og så
sødt, mens det ser os rende rundt
som fluer om en skål økologisk
fairtrade rørsukker, med et lille
smil i vores mundvige.

Åh dette forår

Der sender orkesteret hjem på
ferie og synger sin egen sang
under vilden sky, i gylden sol, i

87

den blødeste regn, uden nogen
skrupler.

Åh dette forår

Der elsker os, der snyder os, og
elsker os og bedrager os, og elsker
os, og forgylder os, og elsker os,
og gør os heldige, og gør os kede
af det, langt bedre end vi selv kan
gøre det.

Åh dette forår

Som vi elsker så højt, fordi det for
længst har snigløbet os og listet
sig ind på os, og ind i os, og er

88

blevet en del af os, som vi ikke vil undvære, før det bliver sommer.

Åh dette forår

Jamen, er det da ikke sådan, vi vil have det. Er det ikke sådan, vi forlanger det, når vi åbner vores hjerter for hinanden under dets lyse himmel, eller inde i dets stuer, hvis vi har søgt ly for regnen sammen, eller under en tidlig sommersky, og bekender at vi kun er mennesker.

RØDMALET FORÅR

Den rødmalede mur

De gule gardiner, med små
blomstermotiver på

De er røde og grønne

90

Den slidte blå maling på den
gamle trædør

De luvslidte jeans

Falmede og afblegede af mange
gange vask

Et lille hul i denne lomme

Og trevler, der hænger forneden

Det brune læderbælte

Tykt og bredt

Kernelæder, ser det ud til

Ingen pynt eller nitter

Lige til sagen

Og nærmest lidt grimt

Men det fungerer

Hvad det så end bruges til

Den røde T-shirt

Med et kulørt motiv trykt på

Og en eller anden tekst, kun et
par ord

Gummistøvlerne der åbenbart
stadig er nødvendige

For at vade gennem de mange
vandpytter

Der står tilbage efter skylregnen

Og tøvejrets lille smeltevandsflod

Nu hvor solen har skinnet i flere
timer

På dine rødmalede læber

Mens du rumsterer rundt og
ordner

Vander potteplanter

Sår blomsterfrø i altankassen

Og har et eller andet i ovnen

Der er vist lagt op til noget

Men er det skrabelod

Eller Euro-Jackpot

APRIL-HUMØR

Mit humør er gråt som vejret

Både når det regner eller ikke

Men det er lettest at forklare

94

Når det blæser eller regner

Rigtig meget

Ude på byens gader

Kører biler gennem regnen

Uden at lade sig mærke med
noget

Uden at ænse, at det blæser

Ja, det næsten stormer

Det er vådt overalt

Men jeg

Jeg har lige trådt i en vandpyt

Og har fået meget våde fødder

Byens huse er så grå

Når jeg tænker på dem

På en regnvejrsdag som nu

Og de er stadig lige grå

Når jeg er gået inden døre

I min varme stue

Vandet bruser, fosser

Hen ad gaden

Fylder rendestenen

For det regner

Ja, det regner

Det er forår, så det regner

Det er forår, så det blæser

Det er forår, så jeg længes

Og jeg er en lille smule sur

Også når jeg ikke selv bliver våd

I formiddags

Da skinnede solen

Så blev det gråvejr og regn

Og meget lidt forår

Jeg sætter farten op

Jeg erobrer mig energisk et fortov

Der er tomt og frit

Bare for princippets skyld

Nu skal det være forår

Sådan vil jeg have det

Regnen falder, jeg er ligeglad

Vinden blæser, det er godt

Solen skinner, det er dag

Planter spirer, det er forår

Jeg nyder det, jeg er glad

ANDRE BØGER AF HENRIK NEERGAARD

PÅ FORLAGET BoD

Den digitale litteraturs velsignelser

En dejlig utraditionel og på mange måder tankevækkende bog, undertiden krydret med en befriende humoristisk tankegang. Ikke uden overraskelser, anderledes vinkler og en lille gætteleg for læserne. Uventede associationer, indsigter og synsvinkelskift kan ikke udelukkes. Bør formentlig læses af alle andre end computerprogrammører og andre digitale fagnørder, på hvem den sikkert vil virke ret provokerende.

144 sider, kr. 148,- ISBN 9788743008798

Books-on-Demand

Dovne Kenneth

eller Troen på Utroskab

Roman

En letlæst og humoristisk skrevet roman om nogle temaer, der vil være kendt af mange, men forhåbentlig i en mere afdæmpet form. Bogens to hovedpersoner er et ægtepar i 60'erne, og man følger en del af deres større og mindre genvordigheder med hinanden og nogle af de almindelige tendenser i tiden. Krydret med en hel del overraskelser og groteske episoder, der nok vil få de fleste til at trække på smilebåndet.

En feel-good bog for læserne, men ikke nødvendigvis for de to hovedpersoner, der dog kommer ud af det med skindet på næsen til sidst.

186 sider, kr. 195,- ISBN 9788743009283

Books-on-Demand

Dalredage (Diesel-haiku)

En serie på 209 haiku-digte, der danner et forløb omkring en kollapset forelskelse og hovedpersonens forsøg på at komme videre i både hverdag, fantasi og udskejelser.

88 sider, kr. 159,- ISBN 9788743001300

Books-on-Demand

Natvilje (Roman)

En mand indgår et væddemål ved en fugtig julekomsammen. Han vædder med en kvindelig akademiker om at han da sagtens kan skrive en bog, selv om han ikke er spor intellektuel. Og så er han jo også nødt til at skrive den der bog for ikke at tabe væddemålet. Bogen kommer til at indeholde lidt af hvert om store og små oplevelser fra hans daglige tilværelse. Og minsandten også nogle tanker og lidt filosoferen om ting og fænomener ude i verden og i samfundet. Ikke mindst den tekniske udvikling, hvor han og nogle venner blandt andet er ret skeptiske over for de selvkørende biler, for de kan godt lide selv at sidde bag rattet og styre deres egen bil. Ellers bliver det jo bare en slags offentlig transport. Mon der for eksempel er ret meget ved en selvkørende motorcykel? Han siger selv, at bogen ikke er autofiktion – ikke almindelig autofiktion i hvert fald.

160 sider, 185,- kr. ISBN 9788743014911

BOOKS on DEMAND

Flyve-Havre 1

En samling digte, kortprosa og noveller. Det begynder med Det hvide papir. Så er der hjulene, der drejer i natten (men tænk ikke på at smøre dem med dyrenes blod, hvis de knirker for højt). Filmanmeldelse: ræk mig lillefingeren, skat. Digt nr. 2. der er huse, der er grå. Byens veje – i den by, hvor han voksede op, gik man ikke bare på konditori, og slet ikke, hvis man som han var født bag en busk ude på kirkegårde. Så er der noget forhåndsnostalgi efter løsslupne julefrokoster med trappistbajere, bladreknapper og katte. Og så ringer mor og har alle tiders idé til en meget opdateret version af Romeo og Julie. Så der er lidt for enhver smag – næsten da.

148 s. Pris 145 kr. ISBN 9788743026754

Books-on-Demand

På kontoret for glemte sager (Noveller)

Bogen indeholder fire lange noveller. Den første hedder "Kontorchefen og Nyhavnspigen", den anden hedder "Jeg fortæller dette om Hr. Petersens bedstefar", den tredje hedder "En fortælling om Jørgen og Jørgine" og den fjerde hedder "På kontoret for glemte sager." alle fire er forhåbentlig ikke realistiske, men stærkt overdrevne i forhold til virkeligheden.

108 s. Pris 98 kr. ISBN 9788743026853

Books-on-Demand

Jagten på en far

Roman

Hovedpersonen er en yngre mand, der er på jagt efter en kæreste – og efter sin far, der blev skilt fra hans mor for mange år siden, og som han nu prøver at opspore efter de uenigheder, der har været. Men faren

har flyttet meget rundt og da han endelig finder
faderens adresse, får han af viceværten at vide, at han
kommer for sent, for hans far er lige død for kort
siden. Den unge mand tager ud til parkkirkegården
for at finde sin fars grav, men er ved at fare vild. Da
han får hjælp af Freja, bliver de smidt ud af en
graver. Den unge mand møder en af faderens
bekendte, der fortæller ham en utrolig historie, som
han vægrer sig ved at tage alvorligt. Derefter sker der
et par ting, han slet ikke havde forudset. Måske er
hans far en helt anden, end han har troet.

208 s. Pris 195,50. ISBN 9788743027676

Books-on-Demand

Flyve-Havre 2

Den intellektuelle side – Virtuel byfest – Virtutiv (nye
verbeformer) – Det der skal til – Korsbæk after dark –
November-digt – Lidt om ciabatta-bollens historie –
Kontoristens morgenmad – Kærlighed i kælderens tid
– At forlade Ahornzonen

164 s. Pris 145 kr. ISBN 9788743028918

Books-on-Demand

Salatspiserens hemmelighed

Roman

Handlingen udspiller sig på en enkelt dag fra morgen til aften. En vane holdes skjult. En doven paragrafrytter nyder sin frokost og den nye kantinedame. Mand og kone bor i hver sin ende af huset. Nogen genser sin ungdoms elskede et uventet sted.

168 s. pris 145 kr. ISBN 9788743028901

Vera og Bjarnes hektiske forår

Roman

Vera og Bjarne er et lidt mere end midaldrende ægtepar. Måske har de lidt flere genvordigheder med hinanden end de fleste. De har i hvert fald en hel del.

Faktisk så mange, så nogle af deres gode venner er
begyndt at spekulere på, om deres ægteskab ligefrem
når pensionsalderen og ender med en skilsmisse lige
inden sølvbrylluppet, der ellers hastigt nærmer sig.
For det er jo ikke bare det, at Bjarne helst vil sidde og
se fodbold på TV, mens Vera har så mange andre
interesser.

92 s. Pris 98 kr. ISBN 9788743026709

Books-on-Demand